Europäische Kommission

2013/701/EU: Durchführungsbeschluss der Kommission vom 22. November 2013

zur Gründung der Forschungsinfrastruktur im Bereich der Biobanken und biomolekularen Ressourcen als Konsortium für eine europäische Forschungsinfrastruktur (ERIC BBMRI)

Antiphon Verlag

Europäische Kommission

2013/701/EU: Durchführungsbeschluss der Kommission vom 22. November 2013

zur Gründung der Forschungsinfrastruktur im Bereich der Biobanken und biomolekularen Ressourcen als Konsortium für eine europäische Forschungsinfrastruktur (ERIC BBMRI)

1. Auflage 2026 | ISBN: 978-3-38798-720-1

Antiphon Verlag ist ein Imprint der Antiquum Novum Verlag.

Verlag: Antiquum Novum Verlag UG (haftungsbeschränkt), Im Erlengrund 6a, 35510 Butzbach, Deutschland,
info@antiquum-novum.de
Vertretungsberechtigt: E. Roepke, Zeilweg 44, 60439 Frankfurt, Deutschland
Druck: Libri Plureos GmbH, Friedensallee 273, 22763 Hamburg, Deutschland

DURCHFÜHRUNGSBESCHLUSS DER KOMMISSION

vom 22. November 2013

zur Gründung der Forschungsinfrastruktur im Bereich der Biobanken und biomolekularen Ressourcen als Konsortium für eine europäische Forschungsinfrastruktur (ERIC BBMRI)

(2013/701/EU)

DIE EUROPÄISCHE KOMMISSION —

gestützt auf den Vertrag über die Arbeitsweise der Europäischen Union,

gestützt auf die Verordnung (EG) Nr. 723/2009 des Rates vom 25. Juni 2009 über den gemeinschaftlichen Rechtsrahmen für ein Konsortium für eine europäische Forschungsinfrastruktur (ERIC) ([1]), insbesondere auf Artikel 6 Absatz 1 Buchstabe a,

in Erwägung nachstehender Gründe,

(1) Das Königreich Belgien, die Tschechische Republik, die Bundesrepublik Deutschland, die Republik Estland, die Hellenische Republik, die Französische Republik, die Italienische Republik, die Republik Malta, das Königreich der Niederlande, die Republik Österreich, die Republik Finnland und das Königreich Schweden haben bei der Kommission die Gründung des BBMRI als Konsortium für eine europäische Infrastruktur (ERIC BBMRI) beantragt. Das Königreich Norwegen, die Republik Polen, die Schweizerische Eidgenossenschaft und die Republik Türkei werden sich als Beobachter am ERIC BBMRI beteiligen.

(2) Die Republik Österreich wurde vom Königreich Belgien, der Tschechischen Republik, der Bundesrepublik Deutschland, der Republik Estland, der Hellenischen Republik, der Französischen Republik, der Italienischen Republik, der Republik Malta, dem Königreich der Niederlande, der Republik Finnland und dem Königreich Schweden als Sitzmitgliedstaat des ERIC BBMRI bestimmt.

(3) Die in diesem Beschluss vorgesehenen Maßnahmen entsprechen der Stellungnahme des gemäß Artikel 20 der Verordnung (EG) Nr. 723/2009 eingesetzten Ausschusses —

HAT FOLGENDEN BESCHLUSS ERLASSEN:

Artikel 1

(1) Für die Forschungsinfrastruktur im Bereich der Biobanken und biomolekularen Ressourcen wird ein Konsortium für eine europäische Forschungsinfrastruktur mit der Bezeichnung „ERIC BBMRI“ gegründet.

(2) Die Satzung des ERIC BBMRI ist als Anhang beigefügt. Diese Satzung wird regelmäßig auf den neuesten Stand gebracht und auf der Website des ERIC BBMRI und an dessen satzungsmäßigem Sitz öffentlich zugänglich gemacht.

(3) Die wesentlichen Elemente der Satzung des ERIC BBMRI, deren Änderungen aufgrund des Artikels 11 Absatz 1 der Verordnung (EG) Nr. 723/2009 der Genehmigung durch die Kommission bedürfen, sind in den Artikeln 2, 3, 6, 7, 16, 17, 18, 19 und 24 enthalten.

Artikel 2

Dieser Beschluss tritt am dritten Tag nach seiner Veröffentlichung im *Amtsblatt der Europäischen Union* in Kraft.

Brüssel, den 22. November 2013

Für die Kommission

Der Präsident

José Manuel BARROSO

([1]) ABl. L 206 vom 8.8.2009, S. 1.

ANHANG I

SATZUNG DES KONSORTIUMS FÜR EINE EUROPÄISCHE FORSCHUNGSINFRASTRUKTUR IM BEREICH DER BIOBANKEN UND BIOMOLEKULAREN RESSOURCEN („ERIC BBMRI")

DAS KÖNIGREICH BELGIEN,

DIE TSCHECHISCHE REPUBLIK,

DIE BUNDESREPUBLIK DEUTSCHLAND,

DIE REPUBLIK ESTLAND,

DIE HELLENISCHE REPUBLIK,

DIE FRANZÖSISCHE REPUBLIK,

DIE ITALIENISCHE REPUBLIK,

DIE REPUBLIK MALTA,

DAS KÖNIGREICH DER NIEDERLANDE,

DIE REPUBLIK ÖSTERREICH,

DIE REPUBLIK FINNLAND,

DAS KÖNIGREICH SCHWEDEN,

NACHSTEHEND „DIE MITGLIEDER",

und

DAS KÖNIGREICH NORWEGEN,

DIE REPUBLIK POLEN,

DIE SCHWEIZERISCHE EIDGENOSSENSCHAFT,

DIE REPUBLIK TÜRKEI,

NACHSTEHEND „DIE BEOBACHTER" —

ANGESICHTS der Überzeugung der Mitglieder, dass humane biologische Proben einschließlich der zugehörigen medizinischen Daten und biomolekularen Forschungswerkzeuge eine Schlüsselrolle für das Verständnis der Wechselwirkungen zwischen genetischen Faktoren und Umweltfaktoren spielen, die menschliche Krankheiten verursachen, Auswirkungen auf den Verlauf dieser Krankheiten, die Identifizierung neuer Biomarker und Therapieziele haben und ferner einen Beitrag zur Verringerung von Ausfällen bei der Entdeckung und Entwicklung von Medikamenten leisten können,

ANGESICHTS der Tatsache, dass die biomolekularen Ressourcen Sammlungen von Antikörpern und Affinitätsbindern, Zelllinien, Klonsammlungen, siRNA-Bibliotheken und andere Forschungswerkzeuge enthalten, die für die Analyse von in Biobanken aufbewahrten Proben benötigt werden, wobei auch Repositorien von Modellorganismen als biomolekulare Ressourcen betrachtet werden, wenn sie für menschliche Krankheiten relevant sind,

ANGESICHTS der Tatsache, dass die gesamteuropäische Forschungsinfrastruktur im Bereich der Biobanken und biomolekularen Ressourcen (BBMRI) auf bestehenden Probensammlungen, Ressourcen, Technologien und Fachkenntnissen aufbauen wird, die speziell durch innovative Komponenten ergänzt und angemessen in wissenschaftliche, ethische, rechtliche und gesellschaftliche Rahmenstrukturen auf europäischer Ebene eingebettet werden,

IN DER ERWÄGUNG, dass die Mitglieder danach streben, durch Gründung der Forschungsinfrastruktur im Bereich der Biobanken und biomolekularen Ressourcen — in Form eines Konsortiums für eine europäische Forschungsinfrastruktur, nachstehend als „ERIC BBMRI“ bezeichnet, die wissenschaftliche Exzellenz und Effizienz der europäischen Forschung in den biomedizinischen Wissenschaften zu steigern, die Wettbewerbsfähigkeit der europäischen Forschung und Industrie in einem globalen Umfeld zu verbessern und zu sichern und Investitionen in pharmazeutische und biomedizinische Forschungseinrichtungen anzuziehen,

UNTER BEKRÄFTIGUNG der Verpflichtung der Mitglieder zur Einhaltung der Charta der Grundrechte der Europäischen Union, die vom Rat und der Europäischen Kommission im Dezember 2000 in Nizza verkündet wurde, und auf die in bestimmten europäischen und nationalen Datenschutzvorschriften Bezug genommen wird,

IN ERWÄGUNG DER TATSACHE, dass die Mitglieder bei der Europäischen Kommission die Gründung der BBMRI in Übereinstimmung mit der ERIC-Verordnung mit der Rechtspersönlichkeit eines Konsortiums für eine europäische Forschungsinfrastruktur (ERIC) beantragen —

SIND WIE FOLGT ÜBEREINGEKOMMEN:

KAPITEL I

ALLGEMEINE BESTIMMUNGEN

Artikel 1

Begriffsbestimmungen

Für die Zwecke dieser Satzung bedeutet

1. „Biobanken (und Zentren für biomolekulare Ressourcen)“ Sammlungen, Repositorien und Verteilungszentren aller Arten von humanen biologischen Proben, z. B. Blut, Gewebe, Zellen oder DNA und/oder damit zusammenhängende Daten wie zugehörige klinische und Forschungsdaten, sowie biomolekulare Ressourcen, einschließlich Modell- und Mikroorganismen, die zum Verständnis der Physiologie und Krankheiten des Menschen beitragen könnten;

2. „Mitglied“ eine Körperschaft gemäß Artikel 4 Absatz 1;

3. „Beobachter“ eine Körperschaft gemäß Artikel 4 Absatz 7;

4. „säumiges Mitglied“ ein Mitglied, das

   a) mit der Zahlung seines jährlichen Beitrags im Rückstand ist, wenn der ausstehende Betrag den fälligen Beiträgen für das vorausgehende Haushaltsjahr entspricht oder diese übersteigt;

   b) seinen Verpflichtungen in schwerwiegender Weise nicht nachkommt, oder

   c) eine schwere Störung des Betriebs des ERIC BBMRI verursacht oder zu verursachen droht;

5. „gemeinsamer Dienst“ eine Einrichtung des ERIC BBMRI gemäß Artikel 15 Absatz 1;

6. „nationales Zentrum“ eine von einem Mitgliedstaat benannte Stelle, nicht zwangsläufig mit Rechtsfähigkeit, die die nationalen Biobanken und biomolekularen Ressourcen koordiniert und ihre Tätigkeiten mit den gesamteuropäischen Tätigkeiten des ERIC BBMRI verbindet;

7. „nationaler Koordinator“ der Direktor eines nationalen Zentrums, ernannt von der zuständigen Behörde eines Mitgliedstaats;

8. „organisatorisches Zentrum“ eine Stelle, nicht zwangsläufig mit Rechtsfähigkeit, benannt von einer zwischenstaatlichen Organisation, die die Biobank(en) und biomolekularen Ressourcen der Organisation koordiniert und ihre Tätigkeiten mit denen der gesamteuropäischen Infrastruktur (ERIC BBMRI) verbindet;

9. „organisatorischer Koordinator“ der Direktor eines organisatorischen Zentrums, ernannt von einer zwischenstaatlichen Organisation;

10. „Partner-Biobanken“ Biobanken, die mit dem ERIC BBMRI zusammenarbeiten und die Anforderungen der Partner-Charta des ERIC BBMRI erfüllen ([1]);

11. „Arbeitsprogramm“ die Beschreibung der Strategie, der geplanten Tätigkeiten, der Personalausstattung und der Finanzierung des ERIC BBMRI;

12. „Pflichtbeiträge“ die Beiträge der Mitglieder/Beobachter und die Beiträge der Aufnahmeländer des zentralen Exekutiv-Verwaltungsbüros und der gemeinsamen Dienste, die im Haushaltskapitel des jährlichen Arbeitsprogramms des ERIC BBMRI festgelegt sind.

Artikel 2

Gründung, Bestandsdauer und satzungsmäßiger Sitz

(1) Hiermit wird ein Konsortium für eine europäische Forschungsinfrastruktur im Bereich der Biobanken und biomolekularen Ressourcen (ERIC BBMRI) gegründet. Das Konsortium wird für eine unbegrenzte Dauer errichtet und besteht ab dem Datum, an dem der Beschluss der Europäischen Kommission in Kraft tritt.

(2) Der satzungsmäßige Sitz des ERIC BBMRI ist die Stadt Graz im Hoheitsgebiet der Republik Österreich, nachstehend bezeichnet als „Sitzmitgliedstaat“.

(3) Der Sitzmitgliedstaat stellt die Örtlichkeiten, Einrichtungen und Dienste für das zentrale Exekutiv-Verwaltungsbüro des ERIC BBMRI entsprechend einer schriftlichen Erklärung im Antrag auf ERIC-Status bereit.

Artikel 3

Aufgaben und Tätigkeiten

(1) Das ERIC BBMRI errichtet, betreibt und entwickelt eine gesamteuropäische verteilte Forschungsinfrastruktur von Biobanken und biomolekularen Ressourcen, um den Zugang zu Ressourcen und Einrichtungen zu erleichtern und eine biomolekulare und medizinische Forschung von hoher Qualität zu unterstützen. Das ERIC BBMRI führt das von der Mitgliederversammlung verabschiedete Arbeitsprogramm durch.

(2) Das ERIC BBMRI betreibt die Infrastruktur auf nicht wirtschaftlicher Grundlage. Das ERIC BBMRI kann in begrenztem Umfang wirtschaftliche Tätigkeiten durchführen, soweit sie

a) mit seinen Hauptaufgaben in engem Zusammenhang stehen

b) und deren Erfüllung nicht gefährden.

(3) Zur Erfüllung seiner Aufgaben wird das ERIC BBMRI insbesondere

a) der europäischen Forschergemeinschaft, bestehend aus Forschern der Länder seiner Mitglieder, effektiven Zugang zu seinen Ressourcen und Dienstleistungen in Einklang mit den in dieser Satzung festgelegten Regeln gewähren;

b) die Interoperabilität zwischen Biobanken und Zentren für biologische Ressourcen der Mitglieder verbessern;

c) ein Qualitätsmanagement einschließlich standardisierter Verfahren, bewährter Praktiken und geeigneter Werkzeuge durchführen, um die Qualität der gesammelten Ressourcen und ihrer zugehörigen Daten zu verbessern;

d) die kontinuierliche Erweiterung der Ressourcen in Biobanken und ihrer zugehörigen Daten fördern, um ein angemessenes Angebot von Proben sicherzustellen, mit den Anforderungen der wissenschaftlichen Gemeinschaft Schritt zu halten und den kontinuierlichen Ausbau der Informationen zu gewährleisten, die mit der Analyse von in Biobanken aufbewahrten Proben zusammenhängen und sich aus ihr ergeben. Es wird zu einer intensiveren Nutzung und Verbreitung von Kenntnissen und zur Optimierung der Ergebnisse der auf Biobanken basierenden Forschungstätigkeiten auf europäischer Ebene beitragen;

([1]) Von der Mitgliederversammlung zu verabschieden.

e) gemeinsame Dienste für die europäische wissenschaftliche Gemeinschaft im Bereich der Biobanken einrichten und betreiben;

f) Forschungstätigkeiten für öffentliche und private Einrichtungen durchführen;

g) technologische Entwicklungen im Zusammenhang mit den Ressourcen und Diensten realisieren und anwenden;

h) Schulungsmaßnahmen anbieten und die Mobilität der Forscher erleichtern, um die Einrichtung neuer Biobanken und Zentren für biomolekulare Ressourcen zu unterstützen und somit den Europäischen Forschungsraum zu stärken und zu strukturieren;

i) internationale Beziehungen aufbauen und gemeinsame Tätigkeiten mit anderen europäischen und außereuropäischen Organisationen mit verwandten Tätigkeiten und Tätigkeitsbereichen initiieren und bei Bedarf Mitglied dieser Organisationen werden;

j) sonstige Tätigkeiten aufnehmen, die zur Erfüllung seiner Aufgaben notwendig sind.

(4) Die Tätigkeiten des ERIC BBMRI sind politisch neutral und werden von folgenden Werten geleitet: gesamteuropäischer Rahmen, wissenschaftliche Exzellenz, Transparenz, Offenheit, Reaktivität, ethisches Bewusstsein, Rechtskonformität und menschliche Werte.

Artikel 4

Mitglieder und Beobachter

(1) Gemäß Artikel 9 Absatz 1 der Verordnung (EG) Nr. 723/2009 sind assoziierte Länder, Drittländer, nicht assoziierte Drittländer und zwischenstaatliche Organisationen, die dieser Satzung zugestimmt haben, Mitglieder des ERIC BBMRI. Die Gründungsmitglieder sind in Anhang II aufgeführt.

(2) Weitere Mitgliedstaaten, Drittstaaten und zwischenstaatliche Organisationen können jederzeit Mitglieder des ERIC BBMRI werden, wenn die Mitgliederversammlung dies gemäß den in Artikel 11 Absatz 8 Buchstabe b festgelegten Grundsätzen genehmigt. Weitere Anforderungen betreffend den Beitritt von Mitgliedern zum ERIC BBMRI nach den ersten drei Jahren sind von der Mitgliederversammlung zu beschließen.

(3) Jedes Mitglied

a) gewährt innerhalb des geltenden rechtlichen und ethischen Rahmens den Zugang zu Biobanken, biologischen und biomolekularen Ressourcen und/oder den damit verbundenen Daten von BBMRI-ERIC-Partnern auf der Grundlage eines gemeinsamen Katalogs von Standards und Bedingungen, die in der Partner-Charta des ERIC BBMRI weiter auszuführen und von der Mitgliederversammlung zu genehmigen sind;

b) errichtet ein nationales/organisatorisches Zentrum und ernennt einen nationalen/organisatorischen Koordinator;

c) gewährleistet die Koordinierung zwischen Partner-Biobanken über die nationalen/organisatorischen Zentren, um den Zugang zu biologischen und biomolekularen Ressourcen und den damit verbundenen Daten zu erleichtern;

d) führt bei Bedarf zur Unterstützung des ERIC BBMRI Infrastrukturinvestitionen durch;

e) trägt zur Kapazitätsentwicklung im Bereich der Biobanken bei;

f) unterstützt das Hauptanliegen des ERIC BBMRI und die Durchführung seines Arbeitsprogramms.

(4) Jedes Mitglied kann nach den ersten fünf Jahren seiner Mitgliedschaft durch schriftliche Mitteilung an den Vorsitzenden der Mitgliederversammlung und an den Generaldirektor aus dem ERIC BBMRI ausscheiden; dies muss spätestens drei Monate vor Genehmigung des Haushalts für das folgende Jahr geschehen.

(5) Der Generaldirektor kann der Mitgliederversammlung vorschlagen, ein säumiges Mitglied auszuschließen.

(6) Die erste Liste der Mitglieder ist in Anhang II enthalten, sie wird vom zentralen Exekutiv-Verwaltungsbüro auf dem neuesten Stand gehalten.

(7) Beobachter des ERIC BBMRI sind Mitgliedstaaten, assoziierte Länder und Drittstaaten gemäß Artikel 9 Absatz 1 der ERIC-Verordnung sowie zwischenstaatliche Organisationen, die den Beobachterstatus beantragt haben.

(8) Der Beobachterstatus wird für höchstens drei Jahre gewährt und unterliegt der Genehmigung der Mitgliederversammlung auf der Grundlage von Artikel 11 Absatz 8 Buchstabe c. Nach Ablauf der drei Jahre müssen die Beobachter entweder die Mitgliedschaft beantragen oder aus dem ERIC BBMRI ausscheiden — es sei denn, die Mitgliederversammlung fasst einen anderen Beschluss.

(9) Die Beobachter haben folgende Rechte:

a) Teilnahme an den Erörterungen der Mitgliederversammlung (ohne Stimmrecht);

b) Teilnahme an bestimmten Tätigkeiten des ERIC BBMRI, die von der Mitgliederversammlung festgelegt werden.

(10) Die erste Liste der Beobachter ist in Anhang II enthalten; sie wird vom zentralen Exekutiv-Verwaltungsbüro online auf dem neuesten Stand gehalten.

KAPITEL II

FINANZBESTIMMUNGEN

Artikel 5

Ressourcen des ERIC BBMRI

(1) Aus dem Haushalt des ERIC BBMRI wird der gemeinsame Betrieb des ERIC BBMRI finanziert, einschließlich der Kosten des Generaldirektors, des zentralen Exekutiv-Verwaltungsbüros und der gemeinsamen Dienste. Der Haushalt wird von der Mitgliederversammlung durch die Annahme des Arbeitsprogramms genehmigt.

(2) Der Haushalt des ERIC BBMRI umfasst

a) die Finanzbeiträge der Mitglieder und Beobachter;

b) die Beiträge des Sitzmitgliedstaates und der Aufnahmeländer der gemeinsamen Dienste;

c) sonstige Einnahmen.

(3) Etwaige Einnahmen aus den Tätigkeiten des ERIC BBMRI, die in den Haushalt fließen, werden entsprechend dem Beschluss der Mitgliederversammlung zur weiteren Durchführung des Arbeitsprogramms verwendet.

(4) Mitglieder und Beobachter tragen die Kosten für ihre Beteiligung an den Sitzungen des ERIC BBMRI.

(5) Jedes Mitglied und jeder Beobachter trägt zum Haushalt des ERIC BBMRI bei. Soweit von der Mitgliederversammlung nicht anders beschlossen, werden die Beiträge in finanzieller Form erbracht.

(6) Die Beiträge der einzelnen Mitglieder richten sich nach dem Berechnungsschema für die Mitgliederbeiträge in Anhang III.

(7) Die Beiträge der einzelnen Beobachter betragen 30 % des entsprechend dem Berechnungsschema in Anhang III bestimmten vollen Mitgliederbeitrags.

(8) Die sich aus dem Berechnungsschema für die Mitgliederbeiträge in Anhang III ergebende Abstufung der Beiträge kann im Falle des Beitritts eines neuen Mitglieds oder Beobachters oder des Ausscheidens oder Ausschlusses eines Mitglieds oder Beobachters geändert werden. Die neue Abstufung tritt am 1. Januar des folgenden Haushaltsjahres in Kraft.

(9) Die Mitgliederversammlung kann beschließen, wegen besonderer Umstände den Beitrag eines Mitglieds oder Beobachters anzupassen.

(10) Wenn dies mit dem Arbeitsprogramm und den einschlägigen von der Mitgliederversammlung genehmigten Vorschriften in Einklang steht, können Mitglieder einen Teil ihres Beitrags zum gemeinsamen Haushalt des ERIC BBMRI-Haushalts als Sachleistung erbringen.

(11) Das ERIC BBMRI ist berechtigt, Zuschüsse, besondere Beiträge und Zahlungen von Einzelpersonen sowie öffentlichen und privaten Stellen für die in dieser Satzung genannten Zwecke anzunehmen. Diese Beiträge und Zahlungen unterliegen der Zustimmung der Mitgliederversammlung.

(12) Vermögensgegenstände, die im Namen und auf Kosten des ERIC BBMRI angeschafft werden, sind sein Eigentum. Bei Beiträgen in Form von Sachleistungen werden Eigentumsfragen in einer besonderen Vereinbarung zwischen dem betreffenden Mitglied oder Beobachter und dem ERIC BBMRI nach Beschluss der Mitgliederversammlung geregelt.

Artikel 6

Beschaffung und Steuerbefreiung

(1) Das ERIC BBMRI behandelt mögliche Beschaffungspartner und Bieter in gleicher und nicht diskriminierender Weise unabhängig davon, ob sie in der Europäischen Union ansässig sind oder nicht. Die Beschaffungspolitik des ERIC BBMRI entspricht den Grundsätzen der Transparenz, der Nichtdiskriminierung und des Wettbewerbs. Die internen Vorschriften zu Beschaffungsverfahren und -kriterien werden von der Mitgliederversammlung verabschiedet.

(2) Steuerbefreiungen gemäß Artikel 143 Absatz 1 Buchstabe g und Artikel 151 Absatz 1 Buchstabe b der Richtlinie 2006/112/EG des Rates vom 28. November 2006 über das gemeinsame Mehrwertsteuersystem [1] und gemäß Artikel 50 und 51 der Durchführungsverordnung (EU) Nr. 282/2011 des Rates vom 15. März 2011 zur Festlegung von Durchführungsvorschriften zur Richtlinie 2006/112/EG über das gemeinsame Mehrwertsteuersystem [2] sind auf die Mehrwertsteuer für Güter und Dienstleistungen für Forschung und Entwicklung beschränkt, die

a) in direktem Zusammenhang mit der Verwaltung und den Dienstleistungen des ERIC BBMRI stehen,

b) einen engen Bezug zu den in Artikel 3 festgelegten Zielen und Tätigkeiten haben,

c) der gesamten wissenschaftlichen Gemeinschaft zugutekommen,

d) den Wert von 250 EUR überschreiten und

e) in vollem Umfang vom ERIC BBMRI vergütet und beschafft werden.

(3) Diese Befreiungen gelten nicht für Beschaffungsmaßnahmen einzelner Mitglieder. Es gelten keine weiteren Beschränkungen.

Artikel 7

Haftung

(1) Die finanzielle Haftung der Mitglieder ist auf ihre jeweiligen in Anhang III festgelegten Beiträge begrenzt.

(2) Das ERIC BBMRI schließt geeignete Versicherungen zur Deckung der mit seinem Aufbau und Betrieb verbundenen Haftungsrisiken ab, die gemäß Absatz 1 nicht gedeckt sind.

Artikel 8

Haushaltsgrundsätze, Abschlüsse und Rechnungsprüfung

(1) Alle Einnahmen und Ausgaben des ERIC BBMRI werden für jedes Haushaltsjahr veranschlagt und im Haushaltskapitel des Arbeitsprogramms ausgewiesen. Die in den Haushaltsplan eingesetzten Einnahmen und Ausgaben müssen ausgeglichen sein.

---

[1] ABl. L 347 vom 11.12.2006, S. 1.
[2] ABl. L 77 vom 23.3.2011, S. 1.

(2) Die Mitglieder gewährleisten, dass die Mittel nach dem Grundsatz der Wirtschaftlichkeit der Haushaltsführung verwendet werden.

(3) Für die Aufstellung des Haushaltsplans, den Haushaltsvollzug und die Rechnungslegung gilt das Transparenzgebot.

(4) Das ERIC BBMRI verbucht alle Einnahmen und Ausgaben. Den Abschlüssen wird ein Bericht über die Haushaltsführung und das Finanzmanagement des betreffenden Haushaltsjahrs beigefügt.

(5) Das ERIC BBMRI unterliegt den Rechnungslegungsstandards aufgrund der im Sitzmitgliedstaat geltenden Rechtsvorschriften.

(6) Das Haushaltsjahr des ERIC BBMRI entspricht dem Kalenderjahr.

(7) Die Mitgliederversammlung ernennt externe Rechnungsprüfer für die Prüfung der Abschlüsse. Das Mandat der externen Rechnungsprüfer wird gemäß der besonderen Bestimmung in der von der Mitgliederversammlung genehmigten Finanzordnung regelmäßig verlängert.

(8) Die externen Rechnungsprüfer legen der Mitgliederversammlung über den Finanzausschuss einen Bericht über den Jahresabschluss vor. Der Generaldirektor stellt den Rechnungsprüfern die zur Erfüllung ihrer Pflichten erforderlichen Informationen zur Verfügung.

KAPITEL III

LEITUNG UND LENKUNG

Artikel 9

Lenkungsstruktur

Die Lenkungsstruktur des ERIC BBMRI umfasst folgende Gremien:

a) Mitgliederversammlung,

b) Finanzausschuss,

c) Generaldirektor, unterstützt durch den Verwaltungsausschuss,

d) wissenschaftlicher und ethischer Beirat.

Artikel 10

Mitgliederversammlung

(1) Die Mitgliederversammlung ist das Gremium, in dem die Mitglieder gemeinsam Beschlüsse zu Angelegenheiten betreffend das ERIC BBMRI fassen. Diese Beschlüsse werden dann vom Generaldirektor gemeinsam mit dem Personal des zentralen Exekutiv-Verwaltungsbüros und dem Verwaltungsausschuss umgesetzt.

(2) Die Mitgliederversammlung konstituiert sich auf der ersten Sitzung der Mitglieder nach Gründung des BBMRI als ERIC.

(3) Die Mitgliederversammlung setzt sich aus allen Mitgliedern des ERIC BBMRI zusammen. Jedes Mitglied wird durch bis zu zwei Delegierte vertreten, die von der zuständigen Behörde offiziell ernannt werden. Sie können von maximal drei Beratern begleitet werden, die als Stellvertreter der Delegierten fungieren können. Die Mitglieder geben im Ernennungsschreiben den Namen des Delegierten mit Stimmrecht und die Reihenfolge der Vertretung an.

(4) Bis zu zwei Vertreter mit offizieller Genehmigung jedes Beobachters können an der Mitgliederversammlung als Beobachter teilnehmen.

(5) An den Sitzungen der Mitgliederversammlung können weitere Beobachter in Einklang mit der von der Mitgliederversammlung verabschiedeten Geschäftsordnung teilnehmen.

(6) Die Mitgliederversammlung

a) verabschiedet das jährliche Arbeitsprogramm und den Haushalt sowie ein vorläufiges Arbeitsprogramm und einen Haushalt für die folgenden zwei Jahre;

b) verabschiedet die Geschäftsordnung, die Finanzordnung und die internen Vorschriften in Einklang mit Artikel 11 Absatz 8 Buchstabe a;

c) verabschiedet alle Regeln, Vorschriften und Maßnahmen, die für eine solide Verwaltung des Arbeitsprogramms erforderlich sind, insbesondere das Verfahren für den Zugang zu biologischen Ressourcen und Daten in Biobanken und vom BBMRI entwickelten Diensten;

d) legt die Aufgaben des Finanzausschusses fest;

e) wählt und entlässt den Vorsitzenden und den stellvertretenden Vorsitzenden;

f) wählt und entlässt den Vorsitzenden und den stellvertretenden Vorsitzenden des Finanzausschusses;

g) ernennt und entlässt den Generaldirektor;

h) genehmigt die Anstellung und Entlassung anderer hochrangiger Mitglieder des Personals gemäß den internen Vorschriften;

i) setzt den wissenschaftlichen und ethischen Beirat und andere Ausschüsse, Gremien oder Gruppen ein (z. B das Stakeholder-Forum) und legt ihre Aufgaben und Vorschriften fest;

j) unterstützt den Generaldirektor durch Leitlinien und Orientierungen;

k) genehmigt den Jahresbericht, die Jahresabschlüsse und Berichte der beratenden Ausschüsse des ERIC BBMRI;

l) befasst sich mit Angelegenheiten, die von Mitgliedern vorgebracht werden und das ERIC BBMRI oder seinen Betrieb betreffen;

m) gestattet den Beitritt von Mitgliedern und beendet die Mitgliedschaft von Mitgliedern gemäß Artikel 11 Absatz 8 Buchstabe b;

n) lässt Beobachter zu und beendet die Zusammenarbeit mit Beobachtern gemäß Artikel 11 Absatz 8 Buchstabe c;

o) passt die Abstufung der Finanzbeiträge gemäß Artikel 5 Absatz 8 an;

p) beschließt über Änderungen der Satzung gemäß Artikel 11 Absatz 7 und

q) erfüllt sonstige Aufgaben, die ihr durch die Satzung übertragen werden, auch durch die Anhänge oder etwaige Änderungen dieser Satzung.

Artikel 11

Beschlussfassung der Mitgliederversammlung

(1) Für die Zwecke dieses Artikels bedeutet „anwesend" persönliche Anwesenheit sowie Anwesenheit per Telefon, Videokonferenz oder andere praktische Mittel, wie in der Geschäftsordnung festgelegt.

(2) Das Quorum ist gegeben, wenn folgende Voraussetzungen erfüllt sind:

a) Anwesenheit einer Mehrheit der Mitglieder, die insgesamt 75 % der jährlichen Pflichtbeiträge der Mitglieder aufbringen;

b) für Beschlüsse gemäß Absatz 8 Anwesenheit von 75 % der Mitglieder, die insgesamt 75 % der jährlichen Pflichtbeiträge der Mitglieder aufbringen;

c) von den anwesenden Mitgliedern müssen die Mitgliedstaaten der Europäischen Union die Mehrheit der Stimmen haben. [1]

(3) (Jedes Mitglied hat eine Stimme. Säumige Mitglieder haben keine Stimme.

(4) Die Mitgliederversammlung bemüht sich bei all ihren Beschlüssen nach besten Kräften um einen Konsens.

(5) Kann kein Konsens erzielt werden, reicht die einfache Mehrheit der anwesenden und stimmberechtigten Mitglieder aus, um einen Beschluss zu fassen, es sei denn, in dieser Satzung oder in der Geschäftsordnung ist ausdrücklich anderes bestimmt.

(6) Bei Stimmengleichheit gibt die Mehrheit der Mitglieder mit Pflichtbeitrag den Ausschlag.

(7) Beschlüsse zur Vorlage eines Vorschlags zur Änderung der Satzung bei der Kommission bedürfen der Einstimmigkeit.

(8) Folgende Beschlüsse erfordern die Zustimmung von mindestens 75 % aller Mitglieder, die insgesamt mindestens 75 % der jährlichen Pflichtbeiträge der Mitglieder aufbringen:

a) Annahme und Änderungen der Geschäftsordnung, der Finanzordnung und der internen Vorschriften;

b) Beitritt neuer Mitglieder;

c) Zulassung neuer Beobachter;

d) Abstimmungen betreffend säumige Mitglieder, einschließlich des Ausschlusses von Mitgliedern, aber nicht begrenzt darauf (die betreffenden Mitglieder sind von der Abstimmung ausgeschlossen);

e) Beschluss über die Auflösung des ERIC BBMRI.

(9) Folgende Beschlüsse erfordern die Zustimmung von mindestens 75 % der anwesenden und stimmberechtigten Mitglieder, die insgesamt mindestens 75 % der jährlichen Pflichtbeiträge der Mitglieder aufbringen:

a) Beschlüsse über Arbeitsprogramm und Haushalt;

b) Genehmigung des Jahresberichts und der Jahresabschlüsse;

c) Anpassung der Abstufung der Finanzbeiträge gemäß Artikel 5 Absatz 8;

d) Ernennung oder Entlassung des Generaldirektors;

e) Beschlüsse über die Auflösung des ERIC BBMRI bei Aufhebung der Infrastruktur.

(10) Die Wahl des Vorsitzenden und des stellvertretenden Vorsitzenden der Mitgliederversammlung und des Finanzausschusses aus den Reihen der Delegierten der Mitglieder erfolgt mit mindestens 75 % der anwesenden und stimmberechtigten Mitglieder; die Wahl erfolgt für ein Jahr, mit der Möglichkeit einer zweimaligen Wiederwahl. Der stellvertretende Vorsitzende vertritt den Vorsitzenden im Falle seiner Abwesenheit oder Unfähigkeit.

(11) Die Mitgliederversammlung tritt mindestens einmal jährlich zusammen. Die Mitgliederversammlung kann auf Ersuchen des Vorsitzenden oder eines Viertels der Mitglieder auch zu außerordentlichen Sitzungen zusammentreten.

Artikel 12

Der Finanzausschuss

(1) Der Finanzausschuss unterstützt die Mitgliederversammlung als Gremium mit Beratungs- und Vorbereitungsaufgaben:

---

[1] Im Falle der Annahme der Änderung von Artikel 9 Absatz 3 der Verordnung (EG) Nr. 723/2009 durch den Rat im Hinblick auf die Ermöglichung einer Beteiligung der assoziierten Länder an ERIC zu gleichen Bedingungen wie die EU-Mitgliedstaaten erhält Buchstabe c folgende Fassung: „von den anwesenden Mitgliedern müssen die Mitgliedstaaten der Europäischen Union und die assoziierten Länder die Mehrheit der Stimmen haben".

a) Er berät die Mitgliederversammlung und den Generaldirektor zu Fragen im Zusammenhang mit der Verwaltung und der Vorbereitung des Haushalts des ERIC BBMRI sowie betreffend Ausgaben, Abschlüsse und die künftige Finanzplanung.

b) Er berät die Mitgliederversammlung und den Generaldirektor zu den finanziellen Auswirkungen der Empfehlungen der anderen Gremien des ERIC BBMRI.

c) Er berät auf Ersuchen in anderen finanziellen Angelegenheiten im Zusammenhang mit der Leitung und Verwaltung des ERIC BBMRI.

d) Er unterbreitet der Mitgliederversammlung einen Vorschlag zur Ernennung der externen Rechnungsprüfer.

(2) Die externen Rechnungsprüfer berichten dem Finanzausschuss direkt und persönlich nach Übermittlung ihrer Berichte an den Generaldirektor.

(3) Der Finanzausschuss stützt sich bei seiner Tätigkeit auf die von der Mitgliederversammlung verabschiedete Geschäftsordnung und auf die Finanzordnung.

Artikel 13

Der Generaldirektor

(1) Der Generaldirektor wird von der Mitgliederversammlung für mindestens drei Jahre ernannt; er kann danach erneut ernannt werden. Der Generaldirektor kann nach dem gleichen Verfahren entlassen werden. Der Generaldirektor wird vom ERIC BBMRI angestellt. Der Generaldirektor wird bei seinen Verwaltungsfunktionen vom Personal des zentralen Exekutiv-Verwaltungsbüros und den gemeinsamen Diensten unterstützt.

(2) Der Generaldirektor ist gegenüber der Mitgliederversammlung verantwortlich für

a) die effiziente Verwaltung des ERIC BBMRI;

b) die Finanzen und die Verwaltung des Personals des ERIC BBMRI;

c) die Gewährleistung der Durchführung der von der Mitgliederversammlung gefassten Beschlüsse.

(3) Der Generaldirektor

a) ist zuständig für die Durchführung des Arbeitsprogramms, einschließlich der Einrichtung der gemeinsamen Dienste, und den Haushaltsvollzug;

b) bereitet die Tagesordnung der Sitzungen der Mitgliederversammlung und die Beratungen der Mitgliederversammlung vor;

c) erarbeitet den Entwurf des jährlichen Arbeitsprogramms einschließlich des Haushalts und des Stellenplans sowie den Vorentwurf eines Arbeitsprogramms und eines Haushalts für die folgenden zwei Jahre und unterbreitet diese der Mitgliederversammlung spätestens drei Monate vor Beginn jedes Haushaltsjahres;

d) unterbreitet der Mitgliederversammlung einen technisch fundierten Bericht über das Arbeitsprogramm sowie die Abschlüsse, die erledigten und nicht erledigten Aufgaben und etwaige geeignete Erläuterungen;

e) erarbeitet und übermittelt nach Genehmigung durch die Mitgliederversammlung alle von der Europäischen Kommission angeforderten Unterlagen;

f) koordiniert den Informationsaustausch zwischen den Tätigkeiten der nationalen/organisatorischen Zentren und den gemeinsamen Diensten des ERIC BBMRI über den Verwaltungsausschuss und durch die Einrichtung der für die Verwaltung des ERIC BBMRI als notwendig erachteten Ausschüsse;

g) organisiert gemäß Anhang IV das Auswahlverfahren für die Einrichtung der gemeinsamen Dienste und sonstige Angelegenheiten, die eines solchen Verfahrens bedürfen;

h) ernennt die Direktoren für die gemeinsamen Dienste nach Konsultation der nationalen Delegierten der Mitgliedstaaten, in denen die gemeinsamen Dienste angesiedelt sind;

i) organisiert die Unterstützung des wissenschaftlichen und ethischen Beirats für die Bewertung der beim zentralen Exekutive-Verwaltungsbüro eingegangenen Forschungsvorschläge;

j) schlägt der Mitgliederversammlung die Aufnahme und den Ausschluss von Mitgliedern und Beobachtern vor.

(4) Der Generaldirektor ist der CEO und gesetzliche Vertreter des ERIC BBMRI und vertritt dieses bei allen Streitigkeiten. Der Generaldirektor kann gemäß den Leitlinien und Vorgaben der Mitgliederversammlung Befugnisse auf das Personal des ERIC BBMRI übertragen.

Artikel 14

Verwaltungsausschuss

(1) Der Verwaltungsausschuss wird vom Generaldirektor eingesetzt; er besteht aus den Koordinatoren der nationalen/organisatorischen Zentren und der gemeinsamen Dienste.

(2) Den Vorsitz im Verwaltungsausschuss führt der Generaldirektor. Der Verwaltungsausschuss kann unter seinen Mitgliedern einen stellvertretenden Vorsitzenden wählen, der den Generaldirektor bei der Durchführung der Verwaltungsaufgaben unterstützt.

(3) Der Verwaltungsausschuss:

a) leistet Beiträge zur und unterstützt den Generaldirektor bei der Ausarbeitung des Entwurfs des jährlichen Arbeitsprogramms und des Haushalts sowie des Vorentwurfs des Arbeitsprogramms und des Haushalts für die folgenden zwei Jahre;

b) unterstützt den Generaldirektor bei der Durchführung des Arbeitsprogramms und bei der Ermöglichung einer effizienten Interaktion zwischen dem ERIC BBMRI und den Partner-Biobanken der Mitglieder.

Artikel 15

Gemeinsame Dienste

(1) Die gemeinsamen Dienste bestehen aus den Einrichtungen des ERIC BBMRI, die einschlägige Fachkenntnisse, Dienstleistungen und Werkzeuge für die Durchführung der im Arbeitsprogramm festgelegten Aufgaben und Tätigkeiten des ERIC BBMRI bereitstellen.

(2) Die gemeinsamen Dienste werden im Rahmen des ERIC BBMRI und unter der Zuständigkeit des Generaldirektors eingerichtet.

(3) Die gemeinsamen Dienste werden in Ländern angesiedelt, die Mitglieder des ERIC BBMRI sind. Das Auswahlverfahren für die Aufnahme gemeinsamer Dienste erfolgt nach den in Anhang IV dargelegten Grundsätzen.

(4) Jeder gemeinsame Dienst wird von einem Direktor verwaltet, der vom Generaldirektor nach Konsultation der nationalen Delegierten des aufnehmenden Mitgliedstaats ernannt wird.

Artikel 16

Wissenschaftlicher und ethischer Beirat

(1) Die Tätigkeiten des ERIC BBMRI werden regelmäßig von einem unabhängigen wissenschaftlichen und ethischen Beirat (SEAB — Scientific and Ethical Advisory Board) bewertet. Der SEAB berät auch die Mitgliederversammlung zu Vorschlägen des Generaldirektors über die Durchführung des Arbeitsprogramms.

(2) Der SEAB besteht aus renommierten Wissenschaftlern oder Experten, die ad personam ernannt werden, nicht aber als Vertreter der Organisation, der sie angehören, oder ihrer Mitgliedstaaten.

(3) Die Mitgliederversammlung ernennt die Mitglieder des SEAB und beschließt über ihre Rotation sowie über das Mandat des SEAB.

Artikel 17

Personal

(1) Das ERIC BBMRI kann Personal beschäftigen, das von Generaldirektor ernannt und entlassen wird. Die Ernennung und Entlassung hochrangigen Personals entsprechend den internen Vorschriften erfordert die Genehmigung der Mitgliederversammlung.

(2) Die Mitgliederversammlung billigt den vom Generaldirektor ausgearbeiteten Stellenplan mit der Annahme des Arbeitsprogramms.

(3) Die Auswahlverfahren für Bewerber um Stellen beim ERIC BBMRI müssen transparent und diskriminierungsfrei sein und die Chancengleichheit respektieren.

Artikel 18

Zugang

(1) Das ERIC BBMRI macht Proben und Daten aus Datenbanken, die mit Partner-Biobanken des ERIC BBMRI verbunden sind oder von diesen entwickelt wurden, Forschern und Forschungseinrichtungen nach dem Verfahren und den Kriterien, die von der Mitgliederversammlung angenommen wurden, zugänglich. Bei diesem Zugang werden die Bedingungen der Bereitsteller der Proben und Daten beachtet, die ihre Datenbanken mit dem ERIC BBMRI verbinden. Diese Satzung sollte nicht so ausgelegt werden, dass sie die Eigentümer von Biobanken oder biomolekularen Ressourcen, die mit dem ERIC BBMRI verbunden sind, in ihrem Entscheidungsrecht über die Bereitstellung des Zugangs zu Proben und Daten einschränkt.

(2) Das ERIC BBMRI gewährt Zugang zu Proben und den damit verbundenen klinischen Daten auf der Grundlage der wissenschaftlichen Exzellenz des vorgeschlagenen Projekts, die durch Prüfung unabhängiger Sachverständiger und nach ethischer Prüfung des Forschungsprojekts ermittelt wurde.

(3) Das ERIC BBMRI gewährleistet, dass die Quelle der Proben und Daten angemessen bestätigt wird und verlangt die Aufrechterhaltung dieser Zuordnung bei der nachfolgenden Nutzung der Proben und Daten.

Artikel 19

Rechte des geistigen Eigentums

(1) Diese Satzung ist nicht so auszulegen, dass durch sie der Geltungsbereich und die Anwendung von Rechten des geistigen Eigentums und Vorteilsausgleichsvereinbarungen geändert werden, die einschlägigen Rechts- und Verwaltungsvorschriften und internationalen Vereinbarungen der Mitglieder und der internationalen Übereinkommen, denen sie beigetreten sind, unterliegen.

(2) Das ERIC BBMRI kann im Rahmen der geltenden nationalen und internationalen Rechtsvorschriften angemessene Rechte des geistigen Eigentums für Werkzeuge, Daten, Produkte oder sonstige Ergebnisse beanspruchen, die vom ERIC BBMRI bei der Durchführung seines Arbeitsprogramms entwickelt oder erzielt wurden.

Artikel 20

Berichterstattung und Kontrolle

Das ERIC BBMRI legt einen Jahresbericht vor, der insbesondere über seine wissenschaftlichen, operativen und finanziellen Tätigkeiten Auskunft gibt. Dieser Bericht muss von der Mitgliederversammlung genehmigt und der Europäischen Kommission sowie den zuständigen Behörden innerhalb von sechs Monaten nach Ende des entsprechenden Haushaltsjahrs übermittelt werden. Dieser Bericht wird öffentlich zugänglich gemacht.

KAPITEL IV

SCHLUSSBESTIMMUNGEN

Artikel 21

Sprachregelung und Arbeitssprache

(1) Alle Fassungen dieser Satzung in den Amtssprachen der Europäischen Union sind verbindlich. Keine Sprachfassung hat Vorrang.

(2) Stehen bei Änderungen dieser Satzung, die keines Kommissionsbeschlusses bedürfen, bestimmte Sprachfassungen nicht zur Verfügung, da sie nicht im Amtsblatt der Europäischen Union veröffentlicht wurden, sind die Übersetzungen in die Amtssprachen der EU-Mitglieder vom ERIC BBMRI bereitzustellen.

(3) Die Arbeitssprache des ERIC BBMRI ist Englisch.

Artikel 22

Geschäftsordnung

Die Mitgliederversammlung genehmigt auf ihrer ersten Sitzung die Geschäftsordnung des ERIC BBMRI nach dem Abstimmungsverfahren des Artikels 11 Absatz 8 Buchstabe a. Die Geschäftsordnung kann nach dem gleichen Verfahren geändert werden.

Artikel 23

Konsolidierte Fassung der Satzung

(1) Die Satzung wird regelmäßig auf den neuesten Stand gebracht und auf der Website des ERIC und an seinem satzungsmäßigen Sitz öffentlich zugänglich gemacht.

(2) Jede Änderung der Satzung ist klar anzuzeigen. Dabei ist in einem Vermerk anzugeben, ob die Änderung ein wesentliches oder unwesentliches Element der Satzung gemäß Artikel 11 der Verordnung (EG) Nr. 723/2009 betrifft und nach welchem Verfahren die Annahme der Änderung erfolgt.

Artikel 24

Auflösung des ERIC BBMRI

(1) Die Mitgliederversammlung kann durch eine Abstimmung gemäß Artikel 11 Absatz 8 Buchstabe e die Auflösung des ERIC BBMRI beschließen.

(2) Vorbehaltlich einer Vereinbarung, die zwischen den Mitgliedern zum Zeitpunkt der Auflösung getroffen werden kann, ist der Sitzmitgliedstaat für die Liquidation zuständig.

(3) Die Mitglieder beschließen in einer Abstimmung gemäß Artikel 11 Absatz 9 Buchstabe e die Übertragung etwaiger Gutschriften von Einnahmen oder von Eigentum des ERIC BBMRI auf eine oder mehrere öffentliche oder andere nicht auf Gewinn ausgerichtete Rechtspersönlichkeiten.

Artikel 25

Anwendbares Recht und Gerichtsstand

(1) Die Gründung und interne Funktionsweise des ERIC BBMRI unterliegen

a) dem Recht der Europäischen Union, insbesondere der ERIC-Verordnung und den Beschlüssen gemäß Artikel 6 Absatz 1 und Artikel 12 Absatz 1 der vorgenannten Verordnung;

b) dem Recht des *Sitzmitgliedstaats* im Falle von Angelegenheiten, die nicht oder teilweise nicht durch die in Buchstabe a genannten Rechtsakte geregelt werden;

c) der Satzung und den Durchführungsvorschriften (Geschäftsordnung, Finanzordnung und interne Vorschriften).

(2) Die Mitglieder bemühen sich nach besten Kräften um einvernehmliche Regelung etwaiger Streitigkeiten, die durch die Auslegung oder Anwendung dieser Satzung entstehen könnten.

(3) Der Gerichtshof der Europäischen Union ist zuständig für die den ERIC BBMRI betreffenden Rechtsstreitigkeiten zwischen den Mitgliedern untereinander sowie zwischen den Mitgliedern und dem ERIC BBMRI und für Rechtsstreitigkeiten, bei denen die Europäische Union eine Partei ist.

(4) Für Streitigkeiten zwischen dem ERIC BBMRI und Dritten gelten die Rechtsvorschriften der Europäischen Union über die gerichtliche Zuständigkeit. In Fällen, die nicht unter das Recht der Europäischen Union fallen, bestimmt das Recht des Sitzmitgliedstaates die gerichtliche Zuständigkeit für die Beilegung solcher Streitigkeiten.

ANHANG II

LISTE DER MITGLIEDER UND BEOBACHTER SOWIE DER SIE VERTRETENDEN STELLEN

Mitglieder	Vertretende Stelle (z. B. Ministerium, Forschungsrat)
Königreich Belgien	Federal Public Planning Service Science Policy (BELSPO)
Tschechische Republik	Ministry of Education (MŠMT)
Bundesrepublik Deutschland	Bundesministerium für Bildung und Forschung (BMBF)
Republik Estland	Ministry of Education and Research of the Republic of Estonia (MER EE)
Hellenische Republik	Biomedical Research Foundation of the Academy of Athens (BRFAA)
Französische Republik	Institute of Health and Medical Research (INSERM
Italienische Republik	National Institute of Health (ISS)
Republik Malta	University of Malta (UoM)
Königreich der Niederlande	The Netherlands Organisation for Health Research and Development (ZonMW)
Republik Österreich	Bundesministerium für Wissenschaft und Forschung (BMWF)
Republik Finnland	Ministry of Education and Culture of the Republic of Finland (OKM)
Königreich Schweden	Swedish Research Council (SRC)

Beobachter	Vertretende Stelle (z. B. Ministerium, Forschungsrat)
Norwegen	Norges forskningsråd (norwegischer Forschungsrat)
Republik Polen	Ministry of Science and Higher Education of the Republic of Poland (MNiSW)
Schweiz	Swiss National Science Foundation (SNSF)
Türkei	Dokuz Eylul University of Izmir

ANHANG III

BERECHNUNGSSCHEMA FÜR DIE MITGLIEDERBEITRÄGE

1. Dieser Anhang enthält das Verfahren für die Berechnung der Beiträge der Mitglieder/Beobachter. Der Gesamtbetrag der Beiträge der Mitglieder/Beobachter wird im jährlichen Arbeitsprogramm und im Haushalt festgelegt.

2. Der Mitgliedsbeitrag umfasst einen festen und einen variablen Anteil.

3. Für den festen Beitrag gelten zwei Kategorien:

   a) Mitgliedsländer mit weniger als 3 Mio. Einwohnern oder internationale Organisationen zahlen einen festen Beitrag der niedrigen Kategorie, und

   b) Mitgliedsländer mit 3 Mio. Einwohnern oder mehr zahlen einen festen Beitrag der höheren Kategorie.

4. Bei Inkrafttreten dieser Satzung beträgt der feste Beitrag:

   a) 20 000 EUR für Mitglieder der niedrigen Kategorie und

   b) 25 000 EUR für Mitglieder der höheren Kategorie.

5. Der feste Beitrag für Beobachter beträgt 30 % der jeweiligen Kategorie.

6. Internationale Organisationen zahlen einen variablen Anteil, der im Einzelfall von der Mitgliederversammlung beschlossen wird.

7. Der Gesamtbetrag des variablen Anteils der Mitglieder-/Beobachterstaaten wird ermittelt durch Subtraktion des Gesamtbetrags der festen Beiträge der Mitglieder/Beobachter und des variablen Anteils der internationalen Organisationen vom Gesamtbetrag der Beiträge der Mitglieder/Beobachter.

8. Der Gesamtbetrag des variablen Anteils wird auf die Mitgliedstaaten entsprechend ihrem prozentualen Anteil am gesamten BIP aller Mitgliedstaaten aufgeteilt.

9. Für die Berechnung des variablen Anteils der Beobachterstaaten werden 30 % ihres jeweiligen BIP zugrunde gelegt.

10. Kein Mitglied zahlt mehr als 25 % des Gesamtbetrags der Beiträge der Mitglieder/Beobachter. Sollte der Beitrag eines Mitglieds aufgrund des obigen Berechnungsverfahrens über dieser Grenze liegen, wird die Differenz auf die übrigen Mitglieder/Beobachter entsprechend ihren BIP-Prozentanteilen aufgeteilt.

ANHANG IV

AUSWAHLVERFAHREN FÜR DIE AUFNAHMELÄNDER GEMEINSAMER DIENSTE

Folgendes Auswahlverfahren findet Anwendung auf alle gemeinsamen Dienste, die der gesamten wissenschaftlichen Gemeinschaft zugutekommen und vom ERIC BBMRI vergütet werden:

1. Die Aufnahmeländer der gemeinsamen Dienste werden im Rahmen einer offenen Aufforderung ausgewählt. Der Generaldirektor erarbeitet eine Beschreibung des betreffenden Dienstes, die von der Mitgliederversammlung angenommen wird. Diese Beschreibung wird öffentlich zugänglich gemacht, wenn die offene Aufforderung für einen gemeinsamen Dienst initiiert wird. Nur Bewerber aus Mitgliedsländern des ERIC BBMRI können sich an der Aufforderung beteiligen.

2. Die Mitgliederversammlung legt die Zusammensetzung eines Ad-hoc-Ausschusses fest, der die Bewerbungen bewertet, sowie einen Katalog objektiver und diskriminierungsfreier Kriterien, die der Ad-hoc-Ausschuss anzuwenden hat.

3. Die Mitgliederversammlung stützt sich bei ihrem Beschluss über die Auswahl des Aufnahmelandes für einen gemeinsamen Dienst auf die Ergebnisse des Ad-hoc-Ausschusses und die befürwortende Empfehlung des Finanzausschusses.